MEETING NAME: **DATE:**
TOPIC:
MEETING OBJECTIVES:

ATTENDEES	NEXT STEPS / DEADLINES

MEETING NOTES

ACTIONS ITEMS

MEETING NAME: **DATE:**
TOPIC:
MEETING OBJECTIVES:

ATTENDEES

NEXT STEPS / DEADLINES

MEETING NOTES

ACTIONS ITEMS

MEETING NAME:　　　　　　　　　　　　　　　　　　　　**DATE:**
TOPIC:
MEETING OBJECTIVES:

ATTENDEES	NEXT STEPS / DEADLINES

MEETING NOTES

ACTIONS ITEMS

MEETING NAME: **DATE:**

TOPIC:

MEETING OBJECTIVES:

ATTENDEES

NEXT STEPS / DEADLINES

MEETING NOTES

ACTIONS ITEMS

MEETING NAME: DATE:
TOPIC:
MEETING OBJECTIVES:

ATTENDEES	NEXT STEPS / DEADLINES

MEETING NOTES

ACTIONS ITEMS

MEETING NAME:　　　　　　　　　　　　　　　　　　　　　　　**DATE:**
TOPIC:
MEETING OBJECTIVES:

ATTENDEES

NEXT STEPS / DEADLINES

MEETING NOTES

ACTIONS ITEMS

MEETING NAME: **DATE:**
TOPIC:
MEETING OBJECTIVES:

ATTENDEES	NEXT STEPS / DEADLINES

MEETING NOTES

ACTIONS ITEMS

MEETING NAME: **DATE:**
TOPIC:
MEETING OBJECTIVES:

ATTENDEES

NEXT STEPS / DEADLINES

MEETING NOTES

ACTIONS ITEMS

MEETING NAME: **DATE:**
TOPIC:
MEETING OBJECTIVES:

ATTENDEES	NEXT STEPS / DEADLINES

MEETING NOTES

ACTIONS ITEMS

MEETING NAME: **DATE:**

TOPIC:

MEETING OBJECTIVES:

ATTENDEES	NEXT STEPS / DEADLINES

MEETING NOTES

ACTIONS ITEMS

MEETING NAME: **DATE:**
TOPIC:
MEETING OBJECTIVES:

ATTENDEES	NEXT STEPS / DEADLINES

MEETING NOTES

ACTIONS ITEMS

MEETING NAME: **DATE:**
TOPIC:
MEETING OBJECTIVES:

ATTENDEES	NEXT STEPS / DEADLINES

MEETING NOTES

ACTIONS ITEMS

MEETING NAME: **DATE:**
TOPIC:
MEETING OBJECTIVES:

ATTENDEES	NEXT STEPS / DEADLINES

MEETING NOTES

ACTIONS ITEMS

MEETING NAME: **DATE:**

TOPIC:

MEETING OBJECTIVES:

ATTENDEES	NEXT STEPS / DEADLINES

MEETING NOTES

ACTIONS ITEMS

MEETING NAME: **DATE:**
TOPIC:
MEETING OBJECTIVES:

ATTENDEES	NEXT STEPS / DEADLINES

MEETING NOTES

ACTIONS ITEMS

MEETING NAME: DATE:
TOPIC:
MEETING OBJECTIVES:

ATTENDEES	NEXT STEPS / DEADLINES

MEETING NOTES

ACTIONS ITEMS

MEETING NAME: **DATE:**
TOPIC:
MEETING OBJECTIVES:

ATTENDEES	NEXT STEPS / DEADLINES

MEETING NOTES

ACTIONS ITEMS

MEETING NAME: **DATE:**
TOPIC:
MEETING OBJECTIVES:

ATTENDEES

NEXT STEPS / DEADLINES

MEETING NOTES

ACTIONS ITEMS

MEETING NAME: **DATE:**
TOPIC:
MEETING OBJECTIVES:

ATTENDEES

NEXT STEPS / DEADLINES

MEETING NOTES

ACTIONS ITEMS

MEETING NAME: **DATE:**
TOPIC:
MEETING OBJECTIVES:

ATTENDEES	NEXT STEPS / DEADLINES

MEETING NOTES

ACTIONS ITEMS

MEETING NAME: **DATE:**
TOPIC:
MEETING OBJECTIVES:

ATTENDEES	NEXT STEPS / DEADLINES

MEETING NOTES

ACTIONS ITEMS

MEETING NAME: DATE:
TOPIC:
MEETING OBJECTIVES:

ATTENDEES

NEXT STEPS / DEADLINES

MEETING NOTES

ACTIONS ITEMS

MEETING NAME: **DATE:**
TOPIC:
MEETING OBJECTIVES:

ATTENDEES

NEXT STEPS / DEADLINES

MEETING NOTES

ACTIONS ITEMS

MEETING NAME: **DATE:**

TOPIC:

MEETING OBJECTIVES:

ATTENDEES

NEXT STEPS / DEADLINES

MEETING NOTES

ACTIONS ITEMS

MEETING NAME: **DATE:**
TOPIC:
MEETING OBJECTIVES:

ATTENDEES	NEXT STEPS / DEADLINES

MEETING NOTES

ACTIONS ITEMS

MEETING NAME:　　　　　　　　　　　　　　　　　　　　　　　　**DATE:**
TOPIC:
MEETING OBJECTIVES:

ATTENDEES

NEXT STEPS / DEADLINES

MEETING NOTES

ACTIONS ITEMS

MEETING NAME: **DATE:**

TOPIC:

MEETING OBJECTIVES:

ATTENDEES

NEXT STEPS / DEADLINES

MEETING NOTES

ACTIONS ITEMS

MEETING NAME: **DATE:**
TOPIC:
MEETING OBJECTIVES:

ATTENDEES	NEXT STEPS / DEADLINES

MEETING NOTES

ACTIONS ITEMS

MEETING NAME: DATE:
TOPIC:
MEETING OBJECTIVES:

ATTENDEES

NEXT STEPS / DEADLINES

MEETING NOTES

ACTIONS ITEMS

MEETING NAME: **DATE:**

TOPIC:

MEETING OBJECTIVES:

ATTENDEES

NEXT STEPS / DEADLINES

MEETING NOTES

ACTIONS ITEMS

MEETING NAME: **DATE:**
TOPIC:
MEETING OBJECTIVES:

ATTENDEES	NEXT STEPS / DEADLINES

MEETING NOTES

ACTIONS ITEMS

MEETING NAME: **DATE:**
TOPIC:
MEETING OBJECTIVES:

ATTENDEES

NEXT STEPS / DEADLINES

MEETING NOTES

ACTIONS ITEMS

MEETING NAME: **DATE:**
TOPIC:
MEETING OBJECTIVES:

ATTENDEES

NEXT STEPS / DEADLINES

MEETING NOTES

ACTIONS ITEMS

MEETING NAME: **DATE:**
TOPIC:
MEETING OBJECTIVES:

ATTENDEES	NEXT STEPS / DEADLINES

MEETING NOTES

ACTIONS ITEMS

MEETING NAME: **DATE:**

TOPIC:

MEETING OBJECTIVES:

ATTENDEES

NEXT STEPS / DEADLINES

MEETING NOTES

ACTIONS ITEMS

MEETING NAME: **DATE:**

TOPIC:

MEETING OBJECTIVES:

ATTENDEES	NEXT STEPS / DEADLINES

MEETING NOTES

ACTIONS ITEMS

MEETING NAME: **DATE:**

TOPIC:

MEETING OBJECTIVES:

ATTENDEES	**NEXT STEPS / DEADLINES**

MEETING NOTES

ACTIONS ITEMS

MEETING NAME: **DATE:**
TOPIC:
MEETING OBJECTIVES:

ATTENDEES	**NEXT STEPS / DEADLINES**

MEETING NOTES

ACTIONS ITEMS

MEETING NAME:　　　　　　　　　　　　　　　　　　**DATE:**
TOPIC:
MEETING OBJECTIVES:

ATTENDEES

NEXT STEPS / DEADLINES

MEETING NOTES

ACTIONS ITEMS

MEETING NAME: **DATE:**
TOPIC:
MEETING OBJECTIVES:

ATTENDEES	NEXT STEPS / DEADLINES

MEETING NOTES

ACTIONS ITEMS

MEETING NAME: **DATE:**

TOPIC:

MEETING OBJECTIVES:

ATTENDEES

NEXT STEPS / DEADLINES

MEETING NOTES

ACTIONS ITEMS

MEETING NAME: **DATE:**

TOPIC:

MEETING OBJECTIVES:

ATTENDEES	NEXT STEPS / DEADLINES

MEETING NOTES

ACTIONS ITEMS

MEETING NAME: **DATE:**

TOPIC:

MEETING OBJECTIVES:

ATTENDEES

NEXT STEPS / DEADLINES

MEETING NOTES

ACTIONS ITEMS

MEETING NAME: **DATE:**

TOPIC:

MEETING OBJECTIVES:

ATTENDEES

NEXT STEPS / DEADLINES

MEETING NOTES

ACTIONS ITEMS

MEETING NAME: **DATE:**
TOPIC:
MEETING OBJECTIVES:

ATTENDEES

NEXT STEPS / DEADLINES

MEETING NOTES

ACTIONS ITEMS

MEETING NAME: **DATE:**
TOPIC:
MEETING OBJECTIVES:

ATTENDEES

NEXT STEPS / DEADLINES

MEETING NOTES

ACTIONS ITEMS

MEETING NAME: **DATE:**
TOPIC:
MEETING OBJECTIVES:

ATTENDEES

NEXT STEPS / DEADLINES

MEETING NOTES

ACTIONS ITEMS

MEETING NAME: **DATE:**
TOPIC:
MEETING OBJECTIVES:

ATTENDEES

NEXT STEPS / DEADLINES

MEETING NOTES

ACTIONS ITEMS

MEETING NAME: **DATE:**

TOPIC:

MEETING OBJECTIVES:

ATTENDEES   **NEXT STEPS / DEADLINES**

MEETING NOTES

ACTIONS ITEMS

MEETING NAME:　　　　　　　　　　　　　　　　　　　　　　　**DATE:**
TOPIC:
MEETING OBJECTIVES:

ATTENDEES

NEXT STEPS / DEADLINES

MEETING NOTES

ACTIONS ITEMS

MEETING NAME: **DATE:**
TOPIC:
MEETING OBJECTIVES:

ATTENDEES

NEXT STEPS / DEADLINES

MEETING NOTES

ACTIONS ITEMS

MEETING NAME: **DATE:**

TOPIC:

MEETING OBJECTIVES:

ATTENDEES

NEXT STEPS / DEADLINES

MEETING NOTES

ACTIONS ITEMS

MEETING NAME: **DATE:**
TOPIC:
MEETING OBJECTIVES:

ATTENDEES	NEXT STEPS / DEADLINES

MEETING NOTES

ACTIONS ITEMS

MEETING NAME: **DATE:**
TOPIC:
MEETING OBJECTIVES:

ATTENDEES	NEXT STEPS / DEADLINES

MEETING NOTES

ACTIONS ITEMS

MEETING NAME: **DATE:**

TOPIC:

MEETING OBJECTIVES:

ATTENDEES	NEXT STEPS / DEADLINES

MEETING NOTES

ACTIONS ITEMS

MEETING NAME: DATE:
TOPIC:
MEETING OBJECTIVES:

ATTENDEES	NEXT STEPS / DEADLINES

MEETING NOTES

ACTIONS ITEMS

MEETING NAME: **DATE:**
TOPIC:
MEETING OBJECTIVES:

ATTENDEES	NEXT STEPS / DEADLINES

MEETING NOTES

ACTIONS ITEMS

MEETING NAME: **DATE:**
TOPIC:
MEETING OBJECTIVES:

ATTENDEES	NEXT STEPS / DEADLINES

MEETING NOTES

ACTIONS ITEMS

MEETING NAME: **DATE:**
TOPIC:
MEETING OBJECTIVES:

ATTENDEES

NEXT STEPS / DEADLINES

MEETING NOTES

ACTIONS ITEMS

MEETING NAME: **DATE:**

TOPIC:

MEETING OBJECTIVES:

ATTENDEES	NEXT STEPS / DEADLINES

MEETING NOTES

ACTIONS ITEMS

MEETING NAME: **DATE:**
TOPIC:
MEETING OBJECTIVES:

ATTENDEES

NEXT STEPS / DEADLINES

MEETING NOTES

ACTIONS ITEMS

MEETING NAME: **DATE:**
TOPIC:
MEETING OBJECTIVES:

ATTENDEES	NEXT STEPS / DEADLINES

MEETING NOTES

ACTIONS ITEMS

MEETING NAME: **DATE:**

TOPIC:

MEETING OBJECTIVES:

ATTENDEES   **NEXT STEPS / DEADLINES**

MEETING NOTES

ACTIONS ITEMS

MEETING NAME:　　　　　　　　　　　　　　　　　　　　　　　**DATE:**
TOPIC:
MEETING OBJECTIVES:

ATTENDEES

NEXT STEPS / DEADLINES

MEETING NOTES

ACTIONS ITEMS

MEETING NAME: **DATE:**
TOPIC:
MEETING OBJECTIVES:

ATTENDEES	NEXT STEPS / DEADLINES

MEETING NOTES

ACTIONS ITEMS

MEETING NAME: **DATE:**
TOPIC:
MEETING OBJECTIVES:

ATTENDEES

NEXT STEPS / DEADLINES

MEETING NOTES

ACTIONS ITEMS

MEETING NAME: **DATE:**
TOPIC:
MEETING OBJECTIVES:

ATTENDEES

NEXT STEPS / DEADLINES

MEETING NOTES

ACTIONS ITEMS

MEETING NAME: **DATE:**

TOPIC:

MEETING OBJECTIVES:

ATTENDEES	NEXT STEPS / DEADLINES

MEETING NOTES

ACTIONS ITEMS

MEETING NAME: **DATE:**

TOPIC:

MEETING OBJECTIVES:

ATTENDEES   **NEXT STEPS / DEADLINES**

MEETING NOTES

ACTIONS ITEMS

MEETING NAME: DATE:
TOPIC:
MEETING OBJECTIVES:

ATTENDEES

NEXT STEPS / DEADLINES

MEETING NOTES

ACTIONS ITEMS

MEETING NAME: **DATE:**
TOPIC:
MEETING OBJECTIVES:

ATTENDEES

NEXT STEPS / DEADLINES

MEETING NOTES

ACTIONS ITEMS

MEETING NAME: **DATE:**
TOPIC:
MEETING OBJECTIVES:

ATTENDEES	NEXT STEPS / DEADLINES

MEETING NOTES

ACTIONS ITEMS

MEETING NAME: **DATE:**

TOPIC:

MEETING OBJECTIVES:

ATTENDEES	NEXT STEPS / DEADLINES

MEETING NOTES

ACTIONS ITEMS

MEETING NAME: **DATE:**
TOPIC:
MEETING OBJECTIVES:

ATTENDEES	NEXT STEPS / DEADLINES

MEETING NOTES

ACTIONS ITEMS

MEETING NAME: **DATE:**
TOPIC:
MEETING OBJECTIVES:

ATTENDEES	NEXT STEPS / DEADLINES

MEETING NOTES

ACTIONS ITEMS

MEETING NAME: **DATE:**
TOPIC:
MEETING OBJECTIVES:

ATTENDEES	NEXT STEPS / DEADLINES

MEETING NOTES

ACTIONS ITEMS

MEETING NAME: **DATE:**

TOPIC:

MEETING OBJECTIVES:

ATTENDEES   **NEXT STEPS / DEADLINES**

MEETING NOTES

ACTIONS ITEMS

MEETING NAME:　　　　　　　　　　　　　　　　　　　　　　　**DATE:**
TOPIC:
MEETING OBJECTIVES:

ATTENDEES

NEXT STEPS / DEADLINES

MEETING NOTES

ACTIONS ITEMS

MEETING NAME: **DATE:**
TOPIC:
MEETING OBJECTIVES:

ATTENDEES

NEXT STEPS / DEADLINES

MEETING NOTES

ACTIONS ITEMS

MEETING NAME: **DATE:**
TOPIC:
MEETING OBJECTIVES:

ATTENDEES	NEXT STEPS / DEADLINES

MEETING NOTES

ACTIONS ITEMS

MEETING NAME: **DATE:**

TOPIC:

MEETING OBJECTIVES:

ATTENDEES

NEXT STEPS / DEADLINES

MEETING NOTES

ACTIONS ITEMS

MEETING NAME: **DATE:**

TOPIC:

MEETING OBJECTIVES:

ATTENDEES

NEXT STEPS / DEADLINES

MEETING NOTES

ACTIONS ITEMS

MEETING NAME: **DATE:**
TOPIC:
MEETING OBJECTIVES:

ATTENDEES

NEXT STEPS / DEADLINES

MEETING NOTES

ACTIONS ITEMS

MEETING NAME: **DATE:**
TOPIC:
MEETING OBJECTIVES:

ATTENDEES	NEXT STEPS / DEADLINES

MEETING NOTES

ACTIONS ITEMS

MEETING NAME: **DATE:**

TOPIC:

MEETING OBJECTIVES:

ATTENDEES	NEXT STEPS / DEADLINES

MEETING NOTES

ACTIONS ITEMS

MEETING NAME: **DATE:**

TOPIC:

MEETING OBJECTIVES:

ATTENDEES

NEXT STEPS / DEADLINES

MEETING NOTES

ACTIONS ITEMS

MEETING NAME: **DATE:**
TOPIC:
MEETING OBJECTIVES:

ATTENDEES	NEXT STEPS / DEADLINES

MEETING NOTES

ACTIONS ITEMS

MEETING NAME: **DATE:**
TOPIC:
MEETING OBJECTIVES:

ATTENDEES	NEXT STEPS / DEADLINES

MEETING NOTES

ACTIONS ITEMS

MEETING NAME: **DATE:**
TOPIC:
MEETING OBJECTIVES:

ATTENDEES

NEXT STEPS / DEADLINES

MEETING NOTES

ACTIONS ITEMS

MEETING NAME: **DATE:**
TOPIC:
MEETING OBJECTIVES:

ATTENDEES

NEXT STEPS / DEADLINES

MEETING NOTES

ACTIONS ITEMS

MEETING NAME:　　　　　　　　　　　　　　　　　　　　**DATE:**
TOPIC:
MEETING OBJECTIVES:

ATTENDEES	NEXT STEPS / DEADLINES

MEETING NOTES

ACTIONS ITEMS

MEETING NAME: **DATE:**
TOPIC:
MEETING OBJECTIVES:

ATTENDEES

NEXT STEPS / DEADLINES

MEETING NOTES

ACTIONS ITEMS

MEETING NAME: **DATE:**
TOPIC:
MEETING OBJECTIVES:

ATTENDEES

NEXT STEPS / DEADLINES

MEETING NOTES

ACTIONS ITEMS

MEETING NAME: **DATE:**

TOPIC:

MEETING OBJECTIVES:

ATTENDEES	NEXT STEPS / DEADLINES

MEETING NOTES

ACTIONS ITEMS

MEETING NAME: **DATE:**
TOPIC:
MEETING OBJECTIVES:

ATTENDEES

NEXT STEPS / DEADLINES

MEETING NOTES

ACTIONS ITEMS

MEETING NAME: **DATE:**
TOPIC:
MEETING OBJECTIVES:

ATTENDEES

NEXT STEPS / DEADLINES

MEETING NOTES

ACTIONS ITEMS

MEETING NAME: **DATE:**

TOPIC:

MEETING OBJECTIVES:

ATTENDEES	NEXT STEPS / DEADLINES

MEETING NOTES

ACTIONS ITEMS

MEETING NAME: **DATE:**

TOPIC:

MEETING OBJECTIVES:

ATTENDEES

NEXT STEPS / DEADLINES

MEETING NOTES

ACTIONS ITEMS

MEETING NAME: **DATE:**
TOPIC:
MEETING OBJECTIVES:

ATTENDEES	NEXT STEPS / DEADLINES

MEETING NOTES

ACTIONS ITEMS

MEETING NAME: **DATE:**
TOPIC:
MEETING OBJECTIVES:

ATTENDEES	NEXT STEPS / DEADLINES

MEETING NOTES

ACTIONS ITEMS

MEETING NAME: **DATE:**
TOPIC:
MEETING OBJECTIVES:

ATTENDEES

NEXT STEPS / DEADLINES

MEETING NOTES

ACTIONS ITEMS

MEETING NAME: **DATE:**
TOPIC:
MEETING OBJECTIVES:

ATTENDEES	NEXT STEPS / DEADLINES

MEETING NOTES

ACTIONS ITEMS

MEETING NAME: **DATE:**

TOPIC:

MEETING OBJECTIVES:

ATTENDEES

NEXT STEPS / DEADLINES

MEETING NOTES

ACTIONS ITEMS

MEETING NAME: DATE:
TOPIC:
MEETING OBJECTIVES:

| **ATTENDEES** | **NEXT STEPS / DEADLINES** |

MEETING NOTES

ACTIONS ITEMS

MEETING NAME: **DATE:**
TOPIC:
MEETING OBJECTIVES:

ATTENDEES

NEXT STEPS / DEADLINES

MEETING NOTES

ACTIONS ITEMS

MEETING NAME: **DATE:**

TOPIC:

MEETING OBJECTIVES:

ATTENDEES

NEXT STEPS / DEADLINES

MEETING NOTES

ACTIONS ITEMS

MEETING NAME: **DATE:**

TOPIC:

MEETING OBJECTIVES:

ATTENDEES

NEXT STEPS / DEADLINES

MEETING NOTES

ACTIONS ITEMS

MEETING NAME:　　　　　　　　　　　　　　　　　　　　**DATE:**
TOPIC:
MEETING OBJECTIVES:

ATTENDEES

NEXT STEPS / DEADLINES

MEETING NOTES

ACTIONS ITEMS

MEETING NAME: **DATE:**
TOPIC:
MEETING OBJECTIVES:

ATTENDEES

NEXT STEPS / DEADLINES

MEETING NOTES

ACTIONS ITEMS

MEETING NAME: **DATE:**
TOPIC:
MEETING OBJECTIVES:

ATTENDEES	NEXT STEPS / DEADLINES

MEETING NOTES

ACTIONS ITEMS

MEETING NAME: **DATE:**
TOPIC:
MEETING OBJECTIVES:

ATTENDEES	NEXT STEPS / DEADLINES

MEETING NOTES

ACTIONS ITEMS

MEETING NAME: **DATE:**
TOPIC:
MEETING OBJECTIVES:

ATTENDEES

NEXT STEPS / DEADLINES

MEETING NOTES

ACTIONS ITEMS

MEETING NAME: **DATE:**

TOPIC:

MEETING OBJECTIVES:

ATTENDEES   **NEXT STEPS / DEADLINES**

MEETING NOTES

ACTIONS ITEMS

MEETING NAME: **DATE:**
TOPIC:
MEETING OBJECTIVES:

ATTENDEES   **NEXT STEPS / DEADLINES**

MEETING NOTES

ACTIONS ITEMS

MEETING NAME: **DATE:**
TOPIC:
MEETING OBJECTIVES:

ATTENDEES	NEXT STEPS / DEADLINES

MEETING NOTES

ACTIONS ITEMS

MEETING NAME: **DATE:**
TOPIC:
MEETING OBJECTIVES:

ATTENDEES

NEXT STEPS / DEADLINES

MEETING NOTES

ACTIONS ITEMS

MEETING NAME: DATE:
TOPIC:
MEETING OBJECTIVES:

ATTENDEES	NEXT STEPS / DEADLINES

MEETING NOTES

ACTIONS ITEMS

MEETING NAME: **DATE:**

TOPIC:

MEETING OBJECTIVES:

ATTENDEES	NEXT STEPS / DEADLINES

MEETING NOTES

ACTIONS ITEMS

MEETING NAME: **DATE:**

TOPIC:

MEETING OBJECTIVES:

ATTENDEES

NEXT STEPS / DEADLINES

MEETING NOTES

ACTIONS ITEMS

MEETING NAME: **DATE:**
TOPIC:
MEETING OBJECTIVES:

ATTENDEES	NEXT STEPS / DEADLINES

MEETING NOTES

ACTIONS ITEMS

www.ingramcontent.com/pod-product-compliance
Lightning Source LLC
Chambersburg PA
CBHW062109220526
45471CB00010B/3664